Don Juan Notorio

Ambrosio el de la Carabina

Don Juan Notorio
Burdel en cinco actos y 2000 escándalos

1874

SÁTIROS

Edita: Editorial Doble J, S.L.
C/ Montevideo 14
41013 Sevilla
www.culturamoderna.com
editorialdoblej@editorialdoblej.com
Depósito legal:
ISBN: 978-84-96875-27-2

Índice

Acto I 7
Acto II 27
Acto III 41
Acto IV 51
Acto V 57

Nota preliminar: Basada en la edición de San Lúcar de Barrameda, Establecimiento Jodeográfico Elton-montano, 1874 (?). Esta edición ha sido cotejada con la que ha realizado Carlos Serrano en *Carnaval en noviembre, parodias teatrales de Don Juan Tenorio*, Alicante, Instituto Juan Gil-Albert, 1996, pp. 157-200.

Personajes

Don Juan Tenorio,   (vulgarmente Te-jodo).
Don Luis Metía,   (digo, Mejía).
Doña Inés de Zorra,   (¡Ay!... de Ulloa).
Cristobalina Bullaretti,   (alcahueta).
Paca Avellana. Zorra.
Rita Mamellas. Zorra.
Ciutti,   (criado y maricón).
Brígida,   (puta vieja y aficionada a la tercería).
Lucía. Puta y más puta.
Doña Ana. Puta y más puta.
Putas sin gálico.
Putas con venéreo.
Bujarrones.
Etcétera.

A MME MICHON

C'est à vous ¡oh madame! gloire inmortelle de la MINETTE, que je dedie cette ouvrage.

Recomandez à votres filles de joie qu'après aroir FAIT L'AMOUR et après avoir SUCSÉ LES PINES de toute Barcelonne, achetten' elles mon libre dont le prix est plus insignifiant que celui d'une demi-heure d'amour!

Agreez, etc.

AHÍ ME LAS DEN TODAS.

Acto I

Casa de putas de la Cristobalina. Puerta al fondo y muchas laterales, por donde se ven asomar mullidas camas. Cuadros obscenos, condones, botellas de mercurio. Jofainas con agua sucia, frascos de copaiba, hilas llenas de purgación, y demás utensilios propios de semejante lugar.

Escena I

DON JUAN, CIUTTI, CRISTOBALINA. Don Juan, con muy poca vergüenza sentado a una mesa escribiendo. Ciutti y la Cristobalina esperando. Al levantarse el telón se oye en las alcobas ruido de catres que se menean, suspiros de placer, castañeteos de lenguas, gritos voluptuosos de lujuria y estrépito de besos, etc., etc.

Don Juan	¡Cuál gritan esos cabrones, pero mal rayo me parta si en acabando la carta no me tocan los cojones! (Sigue escribiendo.)
Cristobalina	Buena entrada.
Ciutti	Me lo explico.　　　　　　5 Ya rellenaréis la arquilla.
Cristobalina	¡Quia! Corre ahora por Sevilla poca plata y mucho mico. Ni un duro cae sin disputas, que son casas mal miradas　10 desde que hay tantas casadas que joden más que mis putas.
Ciutti	Pero hoy...
Cristobalina	Hoy no entra en la cuenta, Ciutti; se ha hecho buen trabajo.
Don Juan	¡A ver si calláis, carajo!　　　15
Ciutti	¿Veis? Mi señor se impacienta.
Cristobalina	¡Cómo! ¿A su servicio estás?
Ciutti	Ya ha un año.

CRISTOBALINA	¿Y qué tal te sale?
CIUTTI	No hay puta que se me iguale: me da por el culo, y más. 20 Coños gozo, tripa llena, mucho dinero y buen vino.
CRISTOBALINA	¡Repuñeta, qué destino!
CIUTTI	Y todo ello a costa ajena.
CRISTOBALINA	Que él te lo paga calculo. 25
CIUTTI	Él me lo paga a troche y moche, pero eso sí, cada noche tengo que darle mi culo.
CRISTOBALINA	¿Es rico?
CIUTTI	¿Que si lo es? ¡Diantre!
CRISTOBALINA	¿Guapo?
CIUTTI	Contemplad su cara. 30
CRISTOBALINA	¿Paga?
CIUTTI	En onzas no repara.
CRISTOBALINA	¿Jode bien?

Ciutti	Como un sochantre.
Cristobalina	¿Español?
Ciutti	¡Con tanto azar ya su país no recuerda!
Cristobalina	¿Y cómo se llama?
Ciutti	¡Mierda! 35 ¡Cojones, qué preguntar!
Don Juan	¡Ciutti!
Ciutti	Señor.
Don Juan	De novicia vas a disfrazarte luego, y entregarás este pliego a Brígida. Ten malicia 40 y haz tu papel con cuidado, aunque tú bien te disfrazas, pues tienes todas trazas de un maricón consumado.

(Vase Ciutti por una puerta lateral, y luego, mientras Don Juan habla bajo con Cristobalina manoseándole las tetas y palpándole las pantorrillas como se suele hacer con una alcahueta todavía en estado de merecer, o sea de joder, sale Ciutti otra vez disfrazado de novicia con unos pechos abultadísimos y el dedo puesto coquetonamente en la barba, y después de hacer una graciosa cortesía a su amo y a CRISTOBALINA vase por la puerta del fondo, meneando mucho el culo.)

Escena II

Apenas ha desaparecido Ciutti, salen de las puertas laterales muchas putas, unas en camisa limpiándose el coño, otras acabando de abrochar la bragueta a su cabrón respectivo, otras acomodándose las tetas en el corsé: los hombres salen como quien está harto de joder y las putas, en especial PACA AVELLANA y RITA MAMELLAS, cansadas, pero no satisfechas, como la célebre mujer de Augusto.

DON JUAN	Están sonando las ocho.	45
CRISTOBALINA	Ved, ved la gente que se entra	
	a presenciar las disputas	
	que dos chulos de esta tierra,	
	Don Juan Tenorio y Don Luis	
	Mejía, tendrán en esta	50
	sala, para averiguar	
	cuál de los dos la maneja	
	mejor, y cuál se ha tirado	
	a más viudas y solteras.	

(Entra DON LUIS con todo el aspecto de un chulo fandanguero. DON JUAN se levanta. Aquél se dirige a coger una silla.)

Paca Avellana	Verás aquél, si ellos vienen, cómo se hace la puñeta.	55
Rita Mamellas	Pues aquél, lo que es su silla, ni a dos tirones la suelta.	
Don Juan	Esta silla está manchada, hidalgo.	
Don Luis	Lo mismo digo, hidalgo; y aquí hay testigo que me ha hecho la mamada sentado en ella.	60
Paca Avellana	Es notorio.	
Don Juan	Yo siempre en esta jodía. ¿Seréis pues Don Luis Mejía?	65
Don Luis	¿Seréis pues Don Juan Tenorio?	
Don Juan	Puede ser.	
Don Luis	Vos lo decís...	
Rita Mamellas	¿A que arman una disputa?	
Don Luis	Pues no hagamos más la puta.	
Don Juan	Yo soy Don Juan.	
Don Luis	Yo Don Luis.	70

(Se quitan los pantalones: enseñan al público unos hermosos miembros que causan la admiración de las putas congregadas.)

Don Juan	Caballeros, yo supongo que a ustedes también aquí les trae la apuesta, y por mí a antojo tal no me opongo. ¿Estamos listos?
Don Luis	Estamos. 75
Don Juan	Como quien somos jodimos.
Don Luis	Veamos, pues, lo que hicimos.
Don Juan	¿Jodamos antes?
Don Luis	Jodamos.

(Don Juan y Don Luis cogen respectivamente a la puta que tienen más próxima y le soplan dos o tres vainas en un minuto. Los concurrentes les imitan, aunque no en la prontitud. Únicamente quedan sin hombre Paca Avellana y Rita Mamellas, que chasqueadas e irritadas, conservando la idea de una venganza próxima, limítanse a lamérselo mutuamente con sin igual maestría. Restablecido el orden, continúa la escena después de algún que otro beso póstumo y el correspondiente lavatorio.)

Don Juan	La apuesta fue...
Don Luis	Porque un día
dije que en España entera   80
no hay nadie que la metiera
donde la mete Mejía.
Don Juan	Y siendo contradictorio
al vuestro mi parecer,
dije: ¿quién la ha de meter   85
donde la meta Tenorio?
¿No es así?
Don Luis	Sí, a no dudar.
Don Juan	Contad vuestros polvos, pues.
Don Luis	Antes vos.
Don Juan	Bueno, igual es,
que nunca me hago esperar.   90
Pues señor, yo desde aquí,
buscando sin disimulos
pasto a mi pichorra, di
sobre Italia, porque allí
tiene el placer muchos culos.   95
De todos los bujarrones
antigua y clásica tierra,
se vacían los cojones
sin que den las hembras guerra
y nos peguen purgaciones.   100

Donde hay muchachas, hay juego
y culos para gozar.
Di, pues, sobre Italia luego,
buscando a sangre y a fuego
culos para desvirgar. 105
En Roma mandé poner
entre bravo y amatorio
este cartel, vais a ver:
Aquí está Don Juan Tenorio,
para quien quiera joder. 110
Los romanos caprichosos,
los muchachos licenciosos,
yo gallardo... por mi fe,
apuesto que no dejé
más de dos culos mohosos. 115
Salí de Roma por fin,
como os podéis figurar,
con un disfraz harto ruin,
y a lomos de un mal rocín,
pues que me querían follar. 120
Nápoles, rico vergel
y del bujarrón emporio,
vio mi segundo cartel:
Aquí está Don Juan Tenorio,
y no hay hombre para él. 125
Desde el duque más altivo
a aquél que pesca en ruin barca,
no hay hombre a quien deje vivo,
y a cualquier culazo abarca
y da del polvo recibo. 130
Búsquenle los mamadores,

cérquenle los pajilleros,
páguenle bien los señores:
a todos joderá fieros,
nadie sentirá dolores.   135

(A la Paca Avellana le viene, Rita Mamellas no ha dejado de meterse el dedo. La Cristobalina soba los huevos de Don Juan, cuyo miembro comienza a erguirse.)

Esto escribí, y en medio año
que mi presencia gozó
Nápoles, no hay culo extraño
que con amor y sin daño
no lo fornicara yo.   140
Por donde quiera que fui
al muchacho me tiré,
a la viuda la jodí,
al clérigo forniqué,
y a todos gusto les di.   145
Yo purgaciones pegué,
yo llagas y llagas di,
y a mis víctimas dejé
mucho que rascar aquí.
(Señalando el culo.)
Ni reconocí sagrado,   150
ni hubo ocasión ni lugar
por mi picha respetado;
ni en distinguir me he parado
culo de cura o seglar.
A quien quise me tiré,   155
a quien quiso la metí,

             y nunca consideré
             que pudo joderme a mí
             aquél a quien yo follé.
             A esto Don Juan se arrojó,   160
             y escrito en este papel
             está lo que se tiró,
             y lo que él aquí escribió
             mantenido está por él.

Don Luis   Leed pues.

Don Juan   No, oigamos antes   165
             vuestros bizarros extremos,
             y si traéis terminantes
             vuestras notas comprobantes,
             a estas chicas joderemos.

Don Luis   Buscando yo, como vos,   170
             a mi nabo polvos grandes,
             dije: ¿do iré, ¡vive Dios!,
             de buenos coños en pos
             que vaya mejor que a Flandes?
             Allí, puesto que casadas   175
             lindas hay, a mis deseos
             habrá al par centuplicadas
             ocasiones extremadas
             de romper virgos y veos.
             Y en Flandes conmigo di,   180
             y con tan buena fortuna,
             que al mes de encontrarme allí

todo mi semen perdí,
vaina a vaina, una por una.
En tan total carestía 185
mirándome de prolífico licor,
se lo di un día
a un buja que me seguía,
el cual me dio un específico.
Entre él y yo, ¡voto a tal!, 190
marchamos tan adelante
y con suerte tan bestial,
que fornicamos en Gante
y en la casa episcopal
a los pajes más preciosos; 195
¡aún de alegría me crispo
al recordar sus hermosos
culos! ¡Y al buen obispo
le echamos doce cuantiosos
polvos! ¡Qué gozo el nuestro! 200
Mas mi compañero avaro
quiso joderme más diestro
otra vez: puse reparo,
y su pichorra en secuestro.
Lo capé sin compromiso, 205
puesto que recordé así
que quien joda a un bujarrón
ha diez años de perdón,
y por eso le jodí.
Pasé a Alemania opulento, 210
mas un provincial Gerónimo
con su nabo corpulento
me jodió con nombre anónimo

por respeto a su convento.
Salté a Francia: buen país,   215
y, como en Nápoles vos,
puse un cartel en París
diciendo: Aquí hay un Don Luis
que tiene gordos los dos.
Parará aquí algunos meses,   220
y no trae más intereses,
ni se aviene a más empresas,
que a lamerlo a las francesas
y a joder a los franceses.
Esto escribí, y en medio año   225
que mi presencia gozó
París, no hubo culo extraño
ni hubo chumino sin daño
que no me tirara yo.
Mas, como Don Juan, mi historia   230
no alargo ya por mi dicha,
que basta para mi gloria
la magnífica memoria
que allí dejé con mi picha.
Y cual vos, por donde fui   235
al muchacho me tiré,
a la viuda la jodí,
al clérigo forniqué,
y a todos gusto les di.
Mi hacienda llevo perdida   240
tres veces, mas se me antoja
reponerla, y me convida
echarme ya por querida
a Doña Ana de Pantoja.

                Es mujer que me consuela,   245
                y mañana se la cuela:
                (Tocándose la picha.)
                lo que os advierto es mi afán,
                por si queréis ir, Don Juan,
                para tenernos la vela.
                A esto Don Luis se arrojó,   250
                y escrito en este papel
                está lo que se tiró,
                y lo que él aquí escribió
                mantenido está por él.

(Paca Avellana y Rita Mamellas continúan dando señales de impaciencia lujuriosa, dirigiendo frenéticas miradas a los miembros de Don Juan y Don Luis, que durante sus respectivos parlamentos se han erguido majestuosamente.)

Don Luis   Mi lista aquí está, mirad: 255
                por una línea apartados
                traigo los nombres sentados
                para mayor claridad.

Don Juan   Del mismo modo arregladas
                que están mis cuentas confío: 260
                en dos líneas separadas
                los que jodió el nabo mío
                y las mujeres folladas.
                Contad.

Don Luis	Contad.
Don Juan	Veintitrés.
Don Luis	Los jodidos. ¿A ver vos? 265 ¡Qué! ¡Me cago en San Andrés! Aquí sumo treinta y dos.
Don Juan	Los jodidos.
Don Luis	Joder es.
Don Juan	Nueve os llevo.
Don Luis	Me vencéis. Pasemos a otras conquistas. 270
Don Juan	Sumo aquí cincuenta y seis.
Don Luis	Y yo sumo en vuestras listas setenta y dos.
Don Juan	Pues perdéis.
Don Luis	¡Es increíble, Don Juan!
Don Juan	Si lo dudáis, apuntados 275 los testigos ahí están, que si fueren bien pagados hasta vos la mamarán.

Don Luis	¡Oh! Y vuestra lista es cabal.	
Don Juan	Desde una princesa real al más miserable esclavo... ha recorrido mi nabo toda la escala social. ¿Tenéis algo que tachar?	280
Don Luis	Sólo una os falta en justicia.	285
Don Juan	¿Me la podéis señalar?	
Don Luis	El virgo de una novicia que esté para profesar.	
Don Juan	¡Bah!, pues yo os complaceré doblemente, porque os digo que a la novicia uniré la novia de algún amigo, y de ese amigo el rulé.	290
Don Luis	¡Pardiez que sois atrevido!	
Don Juan	Yo os lo apuesto si queréis.	295
Don Luis	Digo que acepto el partido.	
Don Juan	Para daros por jodido me dais...	
Don Luis	Veinte días.	

Don Juan	Seis.
Don Luis	¡Cojones! Sois hombre extraño. ¿Cuántos días empleáis 300 en cada mujer que amáis?
Don Juan	Partid los días del año entre las que ahí encontréis. Uno para calentarlas, otro para enloquecerlas, 305 otro para prepararlas, media hora para joderlas y nada para dejarlas. Pero, la verdad a hablaros pedir más no se me antoja, 310 que, pues que vais a tiraros a Doña Ana de Pantoja, iré yo allá a remplazaros.
Don Luis	¡Coño! ¿Qué es lo que decís?
Don Juan	¡Coño! Lo que oído habéis. 315
Don Luis	Ved, puñeta, lo que hacéis.
Don Juan	Está mirado, Don Luis.

(La impaciencia y la lascivia de Paca Avellana y Rita Mamellas han subido de punto. Paca Avellana con las tetas descubiertas y en ademán lujurioso se adelanta y dice:)

Paca Avellana	Resalaos, ¡vive Dios!,
	que a no veros tan villanos
	hiciéraos con estas manos 320
	una puñeta a los dos.
Los Dos	Veamos.
	(Enarbolando sus pichas.)
Paca Avellana	Escusado es,
	que he oído lo bastante
	para no estar arrogante
	donde no puedo.
Don Juan	Idos pues. 325
Paca Avellana	No me iré, que ya hasta el moño
	inundada estoy de leche:
	no me iré sin que se me eche
	un polvo o más en el coño.
	¡Yo os adoro, y por mi vida 330
	siento, y justo es que se entienda,
	tras de oír tanta jodienda
	no poder ser yo jodida!
Don Juan	De tu afán ego te absolvo,
	que no sé cómo he tenido 335
	calma para haberte oído
	sin haberte echado un polvo.
	Tiéndete pues, y al avío,
	del amor dulce retoño,
	dame al momento tu coño. 340

(RITA MAMELLAS adelantándose a su vez.)

RITA MAMELLAS Eso no, que aquí está el mío.

DON JUAN ¿Dónde?

RITA MAMELLAS Aquí, en vano lo escudo.

DON JUAN Quiero verle.

RITA MAMELLAS No, ¡ay de mí!

DON JUAN ¿No? Lo veré.

RITA MAMELLAS ¿Cómo?

DON JUAN ¡Así!

(Le arranca violentamente el vestido y queda al descubierto un magnífico chumino guarnecido de un espesísimo, largo y rizado vello.)

    ¡Repuñeta, qué peludo! 345

DON LUIS ¿Qué hacemos pues?

DON JUAN Se me incita,
¿qué he de hacer? Darle matraca.
Vos, si queréis a la Paca,
yo joderé con la Rita.
Y la apuesta seguiré 350
después que ambos las jodamos.

Don Luis   Bueno.

Don Juan   Señores, jodamos.

Don Luis   Mas la apuesta queda en pie.

(Jodienda general. Paca Avellana se tiende en el suelo, se abre de piernas y sufre el violento empuje de la picha de Don Luis sin proferir el menor grito, antes por el contrario relamiéndose de gusto. Rita Mamellas se sube encima de la mesa y se pone de culo a Don Juan, que se la tira a lo perro, mientras que la Cristobalina le menea los huevos para que le venga más pronto. Un comparsa se lo lame a ella. Todos los espectadores, ante ese bellísimo cuadro, siéntense animados de nuevo, y agarrando a las putas sobrantes las joden a diestro y siniestro. La orquesta debe tocar... se los cojones durante esta escena. Terminada, se limpian los miembros Don Juan y Don Luis, y salen por la puerta del foro.)

Paca Avellana   ¡Parece un juego ilusorio!

Rita Mamellas   ¡Sin verlo no lo creería!   355

Paca Avellana   ¡Diez vainas me echó Mejía!

Rita Mamellas   ¡Doce me ha echado Tenorio!

¡Cae... Leche!

Fin del acto I

Acto II

Calle. Se ve de cuando en cuando cruzar a alguna que otra pajillera. Salen algunos hombres, personajes mudos se la hacen menear, pagan y se van. Las mujeres se limpian la mano con el delantal. El movimiento de esta escena queda a cargo de las manos de las pajilleras y del director de escena, a quien debe prohibírsele entrar en el cuarto de la dama joven para que no se distraiga y olvide el cuadro.

Escena I

Don Juan, Ciutti.

Ciutti   Señor, por mi vida que es
               vuestra suerte buena y mucha.
Don Juan   Siempre en la lasciva lucha
               venzo, ya lo sabes.

Ciutti	¡Pues! (Llevándose la mano al culo.)
Don Juan	Mas no hay en ello que hablar. 5 ¿Mis encargos has cumplido?
Ciutti	Todos los he concluido mejor que pude esperar.
Don juan	¿La beata...?
Ciutti	Ésta es la llave de la puerta del jardín. 10 Entraréis y allí... por fin le daréis...
Don Juan	Lo que se sabe. Mas mira, Ciutti, allí asoma tras de la reja una dama.
Ciutti	Una criada tal vez. 15
Don Juan	La joderemos, ¡pardiez!, después de joder a su ama.
Ciutti	¡Un hombre! (Mirando al lado.)
Don Juan	Corre y atájale, que en ello el vencer consiste.

Ciutti	Mas, ¿si el truhán se resiste?	20
Don Juan	¡Coño! De un pichazo, rájale.	

Escena II

Don Juan al paño, haciéndose la puñeta solo, mientras que una pajillera, a quien no ha pagado, le rasca los huevos. Don Luis que sale y se dirige a la reja de Doña Ana.

Don Luis	¿Me lo das sin sentimiento?	
Doña Ana	Consiento.	
Don Luis	¿En qué me amas de ese modo?	
Doña Ana	En todo.	25
Don Luis	Jodiendo estaré hasta el día.	
Doña Ana	Sí, Mejía.	
Don Luis	Verás qué polvo, Ana mía, y ya verás cuánto gusto.	
Doña Ana	Con tal que me venga justo, consiento en todo, Mejía.	30
Don Luis	¿Volveré, pues, otra vez?	
Doña Ana	Sí, a las diez.	

Don Luis	¿Me lo darás, Ana?
Doña Ana	Sí.
	La tienes ya tiesa, ¿eh? 35
Don Luis	¡Chachipé!
Doña Ana	La llave pues te daré.
Don Luis	Y dentro yo de tu casa venga Tenorio.
Doña Ana	Alguien pasa.
Don Luis	¡A las diez!
Doña Ana	¡Sí!
Don Luis	¡Chachipé! 40

(Cierra la reja y suspira fuerte como quien dice: ¡Qué nabo me voy a tragar esta noche!)

Escena III

Don Juan, Don Luis.

Don Luis	Mas se acercan. ¿Quién va allá?
Don Juan	Quien va.

DON LUIS	¿De quien va así, qué se infiere?	
DON JUAN	¡Que quiere!	
DON LUIS	¡Lo que quiere no calculo!	45
DON JUAN	Vuestro culo.	
DON LUIS	Guardado está.	
DON JUAN	Sois muy mulo.	
DON LUIS	Pidiéraslo en cortesía.	
DON JUAN	¿Y a quién?	
DON LUIS	A Don Luis Mejía.	50
DON JUAN	Quien va quiere vuestro culo.	
DON LUIS	¿Conoceisme?	
DON JUAN	Sí.	
DON LUIS	¿Y yo a vos?	
DON JUAN	Los dos.	
DON LUIS	Alguna cuestión sabemos.	
DON JUAN	La tenemos.	55

Don Luis	¿Cómo esa cuestión se aborda?
Don Juan	Es gorda.
Don Luis	Porque vuestra voz me asorda. Os conozco... ¡Sois Don Juan!
Don Juan	¡Ah, Don Luis!
Don Luis	Por San Julián,　　　　　　　　60 los dos la tenemos gorda.

(Mientras hablan van llegando Ciutti y los suyos, que cuando marca el diálogo le tienden sobre el arroyo y le dan uno a uno por el culo hasta sacarle la sangre y, después, se lo llevan maniatado.)

Don Luis	¿Jodisteis bien?
Don Juan	Como vos.
Don Luis	¡Vive Dios! Y ahora pretendéis...
Don Juan	Sí a fe, ¿y qué?　　　　　　　　　　　65
Don Luis	Que a esa dama ya he advertido.
Don Juan	Os ha jodido. La dama me ha prometido

>   que en cuanto me desabroche,
>   me da su virgo esta noche.   70
>
>   (Ahora se tiran a DON LUIS.)
>
>   ¡Vive Dios que os han jodido!

Escena IV

DON JUAN,	Brígida.
BRÍGIDA	Caballero...
DON JUAN	¿Quién va allá?
BRÍGIDA	¿Sois Don Juan?
DON JUAN	Por vida de...!
	Es la alcahueta..., y a fe
	que la había olvidado ya! 75
	Voy al asunto derecho.
	¿Qué habéis hecho?
BRÍGIDA	¡Cuanto ha dicho
	vuestro paje! ¡Y qué mal bicho
	es ese Ciutti!
DON JUAN	¿Qué ha hecho?
BRÍGIDA	Como no es de los más brutos, 80
	no tiene a las viejas miedo:

>   me ha estado metiendo el dedo
>   durante treinta minutos.
>   Qué sacar y qué meter!
>   Y al fin, Don Juan, me ha venido   85
>   como si hubiera jodido
>   cuando podía joder.

DON JUAN   ¿Y Inés? ¿Ya la has preparado?

BRÍGIDA   ¡Vaya! Y os la he convencido,
            que creo que le ha venido   90
            cual si la hubierais follado.

DON JUAN   ¿Te fue fácil?

BRÍGIDA   Excitada
            y en el convento escondida,
            ¿qué sabe ella si jodida
            se puede gozar aún más?   95
            Si no vio nunca las pichas
            y nunca vio los cojones,
            ¿qué sabe de las pasiones
            que ellos saben inspirar?
            No cuenta la pobrecilla   100
            diez y siete primaveras,
            y aún virgen a las primeras
            sangrientas vainas de amor,
            nunca concibió la dicha
            fuera de su pobre estancia,   105
            tratada desde la infancia
            con puñetero rigor.

                    Y tantos años monótonos
                    de soledad y convento
                    tenían su pensamiento   110
                    tan raquítico y ruin,
                    ceñido en tan corto espacio
                    y a círculo tan mezquino,
                    que parece su chumino
                    una hondonada sin fin.   115
                    Para mear, le dijeron;
                    dijo ella: con él orino;
                    y dedicó su chumino
                    tan solamente a mear.
                    Y sin otras tentaciones   120
                    que sus sueños infantiles
                    cumplió diez y seis abriles
                    sin saber qué es fornicar.

DON JUAN   ¿Y está hermosa?

BRÍGIDA   Como un ángel.

DON JUAN   ¿La enseñaste...?

BRÍGIDA   Figuraos   125
                    si habré metido mal caos
                    en su cabeza, Don Juan.
                    Le hablé del amor, del mundo,
                    de la corte y los placeres,
                    de cómo las mujeres   130
                    a miles os las tiráis.
                    Le dije que erais el hombre

            por su padre destinado
            para romperle el cercado
            de su chumino gentil.   135
            En fin, mis dulces palabras,
            al posarse en sus oídos,
            causáronle al fin vahídos
            y llegó a venirle al fin.

Don Juan   Tan incentiva pintura   140
            los sentidos me enajena,
            y tengo la picha llena
            de un ardor que semen es.
            Conque, ¿a qué hora se recogen
            las madres?

Brígida   Ya recogidas   145
            estarán; vos, ¿prevenidas
            todas las cosas tenéis?

Don Juan   Todas, tengo un nabo grueso,
            los cojones bien provistos,
            y si hay lances imprevistos   150
            tengo condón y jeringa.
            Ve y aguárdame.

Brígida   Voy, pues,
            a entrar por la portería
            y a lamerlo a Sor María,
            para que no os vea.

Don Juan   Adiós.   155

(Apenas ha desaparecido BRÍGIDA, DON JUAN se adelanta hasta la reja y llama con la punta de la picha.)

Escena V

DON JUAN, LUCÍA.

LUCÍA	¿Qué queréis, buen caballero?
DON JUAN	Quiero.
LUCÍA	¿Qué queréis, vamos a ver?
DON JUAN	Joder.
LUCÍA	¿Joder? Bueno, ¿y con qué dama? 160
DON JUAN	Con tu ama.
LUCÍA	Eso ser necio se llama. ¿Quién pensáis que vive aquí?
DON JUAN	Doña Ana Pantoja... y quiero joder con tu ama. 165
LUCÍA	¿Sabéis que jode doña Ana?
DON JUAN	Sí. Mañana.
LUCÍA	¿Y tendrá otro amante ya?

Don Juan	Tendrá.	
Lucía	¿Tiene ese amante doblones?	170
Don Juan	¡Bubones! Créeme y deja ya ilusiones. Haz que yo joda a Doña Ana, porque si Don Luis la gana, mañana tendrá bubones.	175
Lucía	¿Y en recibiros está?	
Don Juan	Podrá.	
Lucía	¿Qué haré si os he de servir?	
Don Juan	Abrir.	
Lucía	¿Quién abre sin que ella note?	180
Don Juan	Este virote. Abre, pues, y yo por dote, después que lo hayas gustado, la casa, te habré probado, podrá abrir este virote.	185
Lucía	Resuena la cerradura.	
Don Juan	Se asegura.	
Lucía	No dan doblas por fortuna.	

Don Juan	Una. (Se la da.)
Lucía	¿Y yo no probaré nada? 190
Don Juan	La mamada. Ábreme, pues, confiada, pues que parte a ti te toca, ya que en mí tu linda boca se asegura una mamada. 195

(Sube Don Juan sobre un poyo, ella saca los labios, le pone él la picha en la boca y ella la mama con voluptuosidad y soltura, tragándose la leche como si fuera de vaca.)

Lucía	¡Quiero mamarla otra vez!
Don Juan	A las diez. (Ocultándose el magué para librar la tentación.)
Lucía	¿Dónde os busco o vos a mí?
Don Juan	Aquí.
Lucía	¿Conque estaréis puntual, eh? 200
Don Juan	Estaré.
Lucía	De nuevo os la mamaré y os tiraréis a Doña Ana, jodiéndola hasta mañana.

Don Juan	A las diez aquí estaré.	205
	Adiós pues, gachona mía.	
Lucía	Adiós, huevudo galán.	
Don Juan	Adiós, mamona Lucía.	
Lucía	Adiós, mamado Don Juan.	
	(Cierra la reja.)	

Escena VI

Don Juan,	volviendo a sacar la cosa.
Don Juan	¡Con ésta no hay nada que falle, 210
	se va cumpliendo su intento:
	un gran virgo en el convento...
	otro virgo en esta calle!

(Se la menea con prontitud y soltura y envía la leche a la espectadora más bonita, que debe relamerse si le cae en la cara.)

Fin del acto II

Acto III

Celda de un convento. Todo es puro, menos los ojos de Doña Inés, que brillan lujuriosos, y las manos de la Brígida, que huelen a leche vieja.

Escena I

Mírase las tetas a un espejo la casta Doña Inés y se frota los pezones con delicadeza. En esta operación agradable la sorprende la vieja.

Brígida	Buenas noches, Doña Inés.
Doña Inés	¿Cómo habéis tardado tanto?
Brígida	He estado rezando a un santo que de su manto al través se notaba con agrado 5

y así con cierta delicia,
que para alguna novicia
estaba muy bien formado.
¿Habéis mirado, hija mía,
el libro que os he traído? 10
Leedlo, es muy divertido.
En él todo es alegría.

DOÑA INÉS   ¿Sí? Pues lo voy a mirar.

BRÍGIDA   ¡Ha alcanzado mucha fama!

DOÑA INÉS   ¿De veras? ¿Cómo se llama? 15

BRÍGIDA   Noble juego de billar.
             ¡En él veréis unas cosas!
             Es Don Juan quien os lo envía.

DOÑA INÉS   (Abriendo el libro.)
             ¡Qué cosas, ay madre mía!

BRÍGIDA   ¿No es verdad que son hermosas? 20

DOÑA INÉS   ¿Mas qué cayó?

BRÍGIDA   Un papelito.

DOÑA INÉS   ¡Una carta!

BRÍGIDA   Clara está:
             en esa carta vendrá
             alabándoos el palmito.

Doña Inés	¡Ay! ¡Ay! (Mirando el libro.)	25
Brígida	¿Qué es lo que os da?	
Doña Inés	Nada, Brígida, no es nada.	
Brígida	(¡Oh!, sí. Os ponéis colorada. ¡Desea un buen nabo ya!) ¿Se os pasa?	
Doña Inés	Sí.	
Brígida	Eso habrá sido algún mareíllo vano.	30
Doña Inés	¡Ay!, se me abrasa la mano y tengo aquello escocido.	
Brígida	Doña Inés, ¡oh, voto a bríos!, jamás os he visto así... Estáis trémula...	35
Doña Inés	¡Ay de mí!	
Brígida	¿Qué es lo que pasa por vos?	

(Inconscientemente, llévase Doña Inés la mano al hermoso chisme y se frota con fruición. Brígida para animarla le soba dulcemente los rosados pezones.)

Doña Inés	No sé... El campo de mi mente siento que cruzan perdidas mil sombras enardecidas que entran aquí dulcemente. (Señalando el coño.) Ha tiempo que me enajena algo de extraña figura.	40
Brígida	¿Tiene acaso por ventura la forma de una berenjena?	45
Doña Inés	Brígida, desde que constante vi en mi mente esa quimera, no sé por qué, la quisiera tener dentro a cada instante. Por do quiera me distraigo con su agradable recuerdo y en mil delicias me pierdo cuando en dulce éxtasis caigo. No sé qué dichas tan tiernas en mis sentidos ejerce, que siempre hacia él se me tuerce lo que llevo entre las piernas. Y ante mil placeres nuevos que en mí creo, veo al cabo una cosa... como un nabo del que cuelga un par de huevos.	50 55 60
Brígida	¡Bravísimo! Doña Inés, según lo vais explicando	

| | tentaciones me van dando
de creer que lujuria eso es. | 65 |
| --- | --- | --- |
| Doña Inés | No lo sé... Tú lo dirás,
mas desfallezco... ¡Ay de mí!
Méteme, mete algo aquí,
porque ya no puedo más. | |

(Brígida, que tiene una palmatoria en las manos para alumbrar a Doña Inés mientras examina el libro, saca con presteza la vela de la palmatoria, ábrele las bellas, redondas y blanquísimas piernas a Doña Inés y con mucho tacto se la introduce con acompasados movimientos, besándole al mismo tiempo las riquísimas tetas. Terminada la operación vuelve en sí Doña Inés.)

| Brígida | Veamos la carta ya
que ese Don Juan os envía. | 70 |
| --- | --- | --- |
| Doña Inés | ¡Tengo un miedo, madre mía! | |
| Brígida | Él todo os lo quitará. | |
| Doña Inés | (Leyendo.)
«Doña Inés del alma mía,
luz de donde el sol la toma,
hermosísima paloma
que no gozó hombre jamás,
si os dignáis por estas letras
pasar vuestros lindos ojos,
no los tornéis con enojos | 75

80 |

	al ver ese miembro audaz».
	(Hablado.)
	¿Y qué es esto que hay pintado?
Brígida	Es lo que soñáis a veces.
Doña Inés	¡Y es larguísimo con creces!
Brígida	Por vos está enderezado. 85
	Y ya veréis...
Doña Inés	¡Oh jamás!
Brígida	Si el amor os compromete,
	como Don Juan os lo mete
	hasta que no pueda más.
	Seguid.
Doña Inés	(Leyendo.)
	«Tal como pintada 90
	es mi pijorra ligera,
	que han convertido en hoguera
	tiempo y afición tensa.
	Y esta picha que en mil coños
	se alimentó inextinguible, 95
	cada día más terrible
	va creciendo y más voraz».
Brígida	Es claro; esperar le hicieron
	en vuestro amor algún día,
	y mucha leche tenía 100

| | cuando a vaciársela fueron.
Seguid. |
|---|---|
| Doña Inés | (Leyendo.)
«En vano a bajarla
concurren tiempo y ausencia,
que doblando su violencia
no picha ya, cañón es.   105
Y yo que ante vuestro chocho
desamparado batallo,
suspendido en él me hallo
entre mi miembro y mi Inés».
(Hablado.)
Dadme otra vez el calmante   110
de la vela. |
| Brígida | ¡Necio afán!
Ya os la meterá Don Juan. |
| Doña Inés | ¡Ay!, ¿cuándo, cuándo? |
| Brígida | ¡Adelante! |
| Doña Inés | (Leyendo.)
«Inés, alma de mi alma,
ídolo dulce y querido,
coño sin picha encendido   115
tras de un blanco delantal;
niña que nunca tu dedo
en el papo te metiste;
niña que nunca supiste   120 |

                    lo bueno que es fornicar.
                    Si es que a través de esos muros
                    mi piporro absorta miras,
                    y por mi pija suspiras
                    de joder ya con afán,   125
                    acuérdate que al pie mismo
                    de esos muros que te guardan,
                    para joderte te aguardan
                    los brazos de tu Don Juan».
                    (Hablado.)
                    ¡Ay!, ¿qué filtro envenenado   130
                    me dais en este papel,
                    que mi coño desgarrado
                    me estoy sintiendo en él?
                    ¿Qué pensamientos dormidos
                    son los que revela en mí?   135
                    ¿Qué mundos desconocidos?
                    ¿Qué placer que nunca oí?
                    ¿Qué es lo que engendra en mi alma
                    tan recalcitrante afán?
                    ¿Quién roba la dulce calma   140
                    de mis sentidos?

BRÍGIDA   Don Juan.
                ¡Silencio!

DOÑA INÉS   ¿Qué? Me estremeces.

BRÍGIDA   ¿Oís, doña Inés, tocar?
                (Las nueve.)

Doña Inés	Sí, lo mismo que otras veces las ánimas oigo dar.	145
Brígida	¿No oís pasos?	
Doña Inés	¡Ay! Ahora nada oigo.	
Brígida	Las nueve dan. Suben..., se acercan... Señora, ya está aquí.	
Doña Inés	¿Quién?	
Brígida	Él.	
Doña Inés	¡Don Juan!...	

Escena II

Dichos. Don Juan.

Doña Inés	¿Qué es esto? Sueño, deliro... ¿Dónde está aquello tan largo?	150
Don Juan	Mira. (Enseñándole el bulto que le hace la cosa tiesa.)	
Doña Inés	¡Qué hermoso! Ya miro.	

Don Juan	De agradarte yo me encargo.
Doña Inés	¡Ay de mí! (Desmayándose al tocar el bulto.)
Brígida	La ha fascinado vuestra repentina entrada. 155
Don Juan	¡Puñeta! Así nos ha ahorrado la mitad de la jornada. La llevo en brazos, pues otros me esperan, y me acomoda. ¿Quiere que Ciutti te joda? 160 Vente, pues, tras de nosotros.

(Coge en brazos por debajo de las tetas a Doña Inés y la roba. Brígida sale detrás corriendo.)

Fin del acto III

Acto IV

Salón en casa de Don Juan: cuadros obscenos y una cama elegante en medio del teatro.

Escena I

Ciutti, y Brígida. Aparece Ciutti tirándose a Brígida: acaban de echar un polvo al alzarse el telón.

Brígida	¡Ay, Ciutti!, molida estoy: no me puedo menear.
Ciutti	¿Pues qué os duele?
Brígida	Todo el coño, pues jodéis de un modo tan...
Ciutti	¡Ya! No estáis acostumbrada 5 a joder... Es natural.

Brígida	Mil veces pensé morirme.
	¡Uf, qué mareo, qué afán!
	Me habéis echado seis polvos,
	estoy ya para reventar. 10
Ciutti	Pues de esos polvos veréis,
	si en esta casa os quedáis,
	lo menos cien por semana.
Brígida	Me gusta.
Ciutti	¿Y la niña está
	reposando todavía? 15
Brígida	¿Y a qué se ha de despertar?
Ciutti	Sí, es mejor que abra los ojos
	cuando la joda Don Juan.
Brígida	¡Chist! Ya siento a Doña Inés.
Ciutti	Y yo a él que viene, no hay más. 20
Brígida	Ahora dejémosles solos.
Ciutti	Justo, ya nos llamarán.

Escena II

Don Juan, Doña Inés.

Don Juan ¡Doña Inés del alma mía!
Siéntate aquí, y un momento
olvida de tu convento   25
la triste cárcel sombría.

(Durante este manoseado parlamento, manosea Don Juan a Doña Inés hasta que ella se le arroja en sus brazos para que se la tire, de la manera que se manosea un virgo. Desabróchale el vestido, le saca las tetas, se las palpa, le mama los pezones; luego le toca las pantorrillas, le da su lengua, le riza y desriza los pelos del chumino, le mete el dedo, le frota el clítoris; hace que ella le menee los huevos, le empuñe el instrumento, le dé besos en el prepucio, etc., etc. Todo esto queda a cargo del actor... y sobre todo de la actriz... y sobre todo de ambos a la vez.)

¡Ah! ¿No es verdad ángel de amor
que en este lecho caliente
podremos tranquilamente
fornicar mucho mejor?   30
Esta sala que está llena
de esos cuadros tentadores
donde joden mil señores
ya a una rubia, ya una morena;
esta picha tan amena   35
que está queriendo romper
sin poderse contener

la tela de mi calzón,
¿no es cierto, tierno pichón,
que están diciendo joder? 40
Ese coño, cuyo aroma
me sube ya a las narices,
esas frases que no dices,
pero que tu lengua asoma
a tu boca, di paloma, 45
di, labios de rosicler,
esas ganas de tener
mi picha dentro de tu coño,
¿no es verdad, tierno retoño,
que están diciendo joder? 50
Y estas palabras que están
filtrando insensiblemente
en tu chumino ya ardiente
ante el miembro de Don Juan,
y estos cojones que van 55
hinchándose sin querer,
como un globo Mongolfier
que se va elevando al cielo,
¿no es cierto, dulce consuelo,
que están diciendo joder? 60
¿Y esas dos gotas de leche
que ves caer de repente
de mi nabo ya impaciente
porque mil polvos te eche,
no me dicen que aproveche 65
tal momento de placer?
¿No es verdad que sin querer
tu coño se va tras de ellas?

¿No es cierto, estrella de estrellas,
que están diciendo joder? 70
¡Oh!, sí, bellísima Inés,
espejo y luz de mi vida,
escucharme conmovida
cual lo haces lujuria es.
Mira aquí a tus plantas, pues, 75
a aquel Don Juan tan ladino
que se paró en su camino,
que rendirse no creía
adorando, vida mía,
los pelos de tu chumino. 80

DOÑA INÉS Callad, por Dios, ¡oh, Don Juan!,
que no podré resistir
mucho tiempo sin sentir
que las cabras se me van.
¡Ah!, callad por compasión, 85
que oyéndoos, me parece
que mi clítoris me crece
y es más duro que un bastón.
¿Y qué he de hacer, ¡ay de mí!,
sino caer en vuestros brazos, 90
si todo el coño a pedazos
me vais robando de aquí?
Don Juan, Don Juan, ¿por qué amainas
las velas de tu pasión?
¡O arráncame el corazón 95
o échame catorce vainas!

(Se echa en sus brazos. Él le quita el virgo con sin igual

maestría. Ella chilla, llora, pero luego suspira, se ríe y se menea cojonudamente. Le viene. Tableau. La orquesta toca el Himno de Riego.)

FIN DEL ACTO IV

Acto V

Sala de un hospital de venéreo. Muchas putas enfermas de gálico.

Escena I

Don Juan, examinando las camas sin poder lograr que se le enderece el miembro.

Don Juan   Culpa mía no fue, fui solo esclavo
del calor de mi picha acalorada!
Necesitaba víctimas mi nabo
que inmolar a su faba colorada,
y al ver los coños ante mi camino,   5
de mi locura allí les hice presa.
¡No fue mi miembro, no! ¡Fue su destino!
¡Sabían todas que la tengo gruesa!
¡Oh! Y me trae a este sitio irresistible,
misterioso poder. Pero, ¿qué veo?   10
Una puta en estado bien jodible
deja su cama y que se acerca creo...
¡No toques a mi pija ya gastada,

fatídica ilusión! Lo harás en vano.
¡Ni aunque intentes hacerme la mamada 15
leche no sacarás! ¡Ni aun con la
mano!

Escena II

DON JUAN, RITA MAMELLAS. Ésta en camisa. Dejando ver unas tetas escuálidas y unas pantorrillas como flautines. El coño sin ningún pelo y lleno de llagas. Las demás putas en estado horrible también y llenas de gálico hasta los ojos se levantan fatídicamente y le rodean. Algún que otro bujarrón con el culo desgarrado y destilando materia se acerca también a él con aspecto amenazador. Más tarde, DOÑA INÉS.

RITA MAMELLAS Aquí me tienes Don Juan,
y he aquí que vienen conmigo
los que un lascivo castigo
a tu lascivia darán.   20

DON JUAN   ¡Ay de mí!

RITA MAMELLAS ¡Qué! ¿La ilusión
te falta?

DON JUAN   ¡Claro se ve!
¿Con todos ellos qué haré?

RITA MAMELLAS ¡Tirártelos!

DON JUAN   ¡Un cojón!

Rita Mamellas	Tú sus coños desvirgaste,	25
	tú sus clítoris lamiste,	
	tú purgaciones les diste,	
	tú a todos los amolaste.	
	Así pues, ahora, ¡pardiez!,	
	jode ya su coño ruin.	30
	Adquiere gálico al fin,	
	y muérete de una vez.	
	Pon en mi coño tu lengua	
	y que un cáncer la destruya,	
	y haz que la pichorra tuya	35
	joda a esos coños, en mengua	
	del vicio que propagaste,	
	de todo el daño que hiciste.	
	Lámemelo.	
Don Juan	No, no, ¡ay, triste!	
Rita Mamellas	Tú la piedad no empleaste.	40
	¡Oh!, putas y bujarrones,	
	cantad en son lastimero	
	de este chulo fandanguero	
	la muerte de sus cojones.	

(Las putas y bujarrones comienzan a cantar con fúnebre son alguna cosa, como *Cuatro cuartos me debe la tabernera*, etc.)

Don Juan	Tarde a suplicar me inclino,	45
	que al castigo no me escapo:	
	¡tener que lamer un papo	
	galicoso es mi destino!	

                        ¡Ah!, por do quiera que fui
                        al clérigo me tiré,   50
                        a la viuda la jodí
                        y al muchachuelo follé.
                        Yo forniqué cuanto vi,
                        yo los chuminos limpié,
                        yo leche cuantiosa di,   55
                        y pues tal mi vida fue,
                        esclavo he de ser aquí.

(Súbese RITA MAMELLAS sobre la cama y con ademanes trágicos se abre de piernas, toma con energía la cabeza de DON JUAN y le coloca su boca sobre su coño horrible; mientras tanto uno de los bujarrones se prepara a darle por el culo.)

RITA MAMELLAS   Pon ya tu lengua querida,
                 lame al fin, pues es en vano
                 que resistas: con tu mano   60
                 coloca esa picha herida
                 de venéreo en tu culo.
                 Lame y jode.

DON JUAN   ¡Oh, qué suplicio!

RITA MAMELLAS   Siempre haciendo este servicio
                 has de estar.

DON JUAN   ¡He sido un mulo,   65
                 un mico, un orangután,
                 un burro...! ¡Piedad de mí!

RITA MAMELLAS   ¡No, no hay piedad para ti!
                 ¡Ya es tarde!

(DOÑA INÉS aparece en cueros, radiante de hermosura y lujuria: suelto el cabello, tersos y rosados los magníficos pezones de sus hermosos pechos, encrespado y rizado el sabrosísimo monte Venus, etc., etc., formando gran contraste con el aspecto de las demás figuras.)

DOÑA INÉS   (Apareciendo.)
                   ¡Ven, oh Don Juan!
                   Putas, dejadle ya pues.   70
                   A vuestros catres volveos,
                   llenad de hilas vuestros veos;
                   salva a Don Juan Doña Inés.

(Vuelven todos a meterse en sus camas silenciosamente. RITA MAMELLAS desaparece.)

DON JUAN   ¡Inés de mi corazón!

DOÑA INÉS   Mi chumino vuelve a ti.   75
                   Salgamos pronto de aquí.

DON JUAN   No sin joder.

DOÑA INÉS   Mi pasión
                   te devuelve la potencia
                   que, triste, habías perdido.
                   ¡Yo quiero ya ver metido   80
                   tu nabo aquí!
                   (Abriendo el coño con mucha coquetería.)

Don Juan	¡Oh excelencia del amor!, ¡oh tú, hechicera mujer que calma mi afán!
Doña Inés	Jódeme, pues, ¡oh Don Juan!, al pie de un catre cualquiera. 85
Don Juan	¡Doña Inés! ¡Mi leche a ti! Mañana los sevillanos pensarán que entre las manos de estas zorronas caí. No era justo; sólo así 90 jodiéndote haré notorio ser de la lujuria emporio antes, ahora y después ¡el coño de Doña Inés y el magué de Juan Tenorio! 95

(Salen artísticamente. A ella le viene muchas veces, a él más. Llénase el teatro de semen y cae el telón. No hace falta luz de bengala, porque estas escenas las ve de sobra el público y, sobre todo, las mujeres.)

Fin de la obra

www.ingramcontent.com/pod-product-compliance
Lightning Source LLC
Chambersburg PA
CBHW070631050426
42450CB00011B/3165